110647073

EL LIBRO DE OPUESTOS DE Crayola

JODIE SHEPHERD

EDICIONES LERNER ◆ MINEÁPOLIS

A TODOS MIS LECTORES: SIEMPRE SÉ LO OPUESTO DE DESINTERESADO ¡SÉ CURIOSO!

Traducción al español: copyright © 2018 por Lerner Publishing Group, Inc.
Título original: *The Crayola Opposites Book*
Copyright © 2018 por Lerner Publishing Group, Inc.
La traducción al español fue realizada por Giessi Lopez.
Muchas gracias a José Becerra-Cárdenas, maestro de segundo grado en Little Canada Elementary, por revisar este libro.

Producto autorizado oficial
ediciones Lerner
Una división de Lerner Publishing Group, Inc.
241 First Avenue North
Mineápolis, MN 55401, EE. UU.

Si desea averiguar acerca de niveles de lectura y para obtener más información, favor de consultar este título en www.lernerbooks.com

El texto del cuerpo principal es Billy Infant Regular 24/30. El tipo de letra proporcionado por SparkyType.

Library of Congress Cataloging-in-Publication Data

Names: Shepherd, Jodie, author.
Title: El libro de opuestos de Crayola / Jodie Shepherd.
Other titles: Crayola opposites book. Spanish
Description: Minneapolis : Ediciones Lerner, 2018. | Series: Conceptos Crayola | Includes bibliographical references and index. | Audience: Ages 4–9. | Audience: K to Grade 3.
Identifiers: LCCN 2017053117 (print) | LCCN 2017053808 (ebook) | ISBN 9781541510333 (eb pdf) | ISBN 9781541509498 (lb : alk. paper) | ISBN 9781541526532 (pb : alk. paper)
Subjects: LCSH: Spanish language—Synonyms and antonyms—Juvenile literature | CYAC: Spanish language—Synonyms and antonyms—Pictorial works.
Classification: LCC PC4591 (ebook) | LCC PC4591 .S448 2017 (print) | DDC 468.1—dc23

LC record available at https://lccn.loc.gov/2017053117

Fabricado en los Estados Unidos de América
1-43937-33958-3/23/2018

Tabla de contenido

¿QUÉ SON LOS OPUESTOS?

Los opuestos son **totalmente** diferentes.
Vienen en pares como grande y pequeño.

PARES DE OPUESTOS

Bajo y alto son opuestos.

Las texturas pueden ser opuestas.

Un sapo es áspero.

Una canica es lisa.

Para hacer que algo en tu dibujo se vea rasposo, intenta dibujar muchos puntitos juntos. A esto se le conoce como punteado.

La cubeta roja está llena de arena.

La cubeta amarilla está vacía.

¿Qué otros opuestos puedes encontrar en la playa?

Frío y caliente son opuestos. El chocolate es caliente y humeante. La limonada es fría y con mucho hielo.

¿Sabías que los colores pueden ser cálidos o fríos? Al rojo, naranja y amarillo se les llaman colores cálidos. Al azul, verde y púrpura se les llaman colores fríos.

¡DOS EN UNO!

Oscuridad y luz son opuestos.

Parte de esta duna de arena está en el sol.

La otra parte está en la sombra.

Una montaña rusa sube y baja.

También va despacio y rápido. *¡Guau!*

Las teclas del piano pueden ser negras o blancas.

Un tono oscuro y uno claro.

¿Puedes hacer un dibujo utilizando solamente negro y blanco?

EL FIN Y EL PRINCIPIO

Abres un libro para leerlo. ¡Lo cierras en el final!

Hay muchos opuestos en el mundo ¿Qué tipos ves cada día? ¿Cuántos pares de opuestos puedes decir?

MUNDO DE COLORES

¡Incluso algunos colores son opuestos! Estos son algunos colores de crayones Crayola® en este libro. ¿Puedes encontrarlos en las imágenes?

FRESA SILVESTRE

MANGO TANGO

BANANA MANIA

VERDE CHILLÓN

VERDE JUNGLA

FLORECITA AZUL CLARO

AZUL MEDIANOCHE

NEGRO

GLOSARIO

duna de arena: una colina de arena apilada por el viento

humeante: caliente y húmedo (como cuando el agua se evapora)

opuesto: una persona, cosa o idea que es completamente diferente de otro

par: un grupo de dos objetos

punteado: añadir pequeños puntos de color o textura

sombra: zonas oscuras creadas cuando la luz es bloqueada

textura: el aspecto visual o apariencia de una superficie que no es lisa

tono: un color ligeramente más oscuro o claro que el color original

PARA APRENDER MÁS

LIBROS

Brooks, Erik. *Polar Opposites*. Tarrytown, NY: Marshall Cavendish Children, 2010. Lee esta divertida historia acerca de un oso polar y un pingüino que son bastante opuestos pero aun así los mejores amigos!

Seeger, Laura Vaccaro. *Black? White! Day? Night! A Book of Opposites*. New York: Roaring Brook, 2016. Levanta las solapas en este libro para descubrir el opuesto de la imagen en cada página.

Wilson, Karma. *Big Bear, Small Mouse*. New York: Margaret K. McElderry Books, 2016. Lee más acerca de los opuestos en esta historia acerca de un oso grande y un ratón pequeño.

SITIOS WEB

"Un juego de opuestos"
http://www.meddybemps.com/opposites/Index.html
Prueba cuales opuestos conoces con este juego en línea. ¿Cuántos opuestos puedes nombrar?

El león y el cordero
http://www.crayola.com/crafts/lion--lamb-craft/
¡Crea arte con opuestos! Pinta un león y un cordero con este projecto. ¿Qué otros animales pueden considerarse opuestos?

ÍNDICE

AGRADECIMIENTOS DE IMÁGENES

Las imágenes en este libro son utilizadas con el permiso de: Mark_KA/ Shutterstock.com, página 5 (arriba a la izquierda); Marcos Mesa Sam Wordley/ Shutterstock.com, página 5 (arriba a la derecha); tratong/Shutterstock. com, página 5 (abajo a la izquierda); © Jennifer Russell/Dreamstime.com, página 5 (abajo a la derecha); © iStockphoto.com/GlobalP, página 5 (centro); © iStockphoto.com/best-photo, página 6; © iStockphoto.com/SundariJi, página 7; © Sikth/Dreamstime.com, página 8 (izquierda); © Myrthe Krook/ Dreamstime.com, página 8 (derecha); © Matthew Benoit/Dreamstime.com, página 10 (izquierda); © Petr Malyshev/Dreamstime.com, página 10 (derecha); © iStockphoto.com/Csondy, página 11; © Pixelrobot/Dreamstime.com, página 12 (izquierda); © Edith Layland/Dreamstime.com, página 12 (derecha); JaySi/ Shutterstock.com, páginas 14-15; © iStockphoto.com/smaehl, página 16; © iStockphoto.com/Watcha, página 18; © iStockphoto.com/tanuha2001, página 20; © Burazin/Photographer's Choice/Getty Images, página 21 (arriba a la izquierda); © joSon/The Image Bank/Getty Images, página 21 (arriba a la derecha); Joe Doylem/Alamy Stock Photo, página 21 (abajo a la izquierda); © iStockphoto.com/Balefire9, página 21 (abajo a la derecha); © iStockphoto. com/Flutter_97321, página 21 (centro).

Portada: © iStockphoto.com/bozzybozza (bebidas); © iStockphoto.com/ Watcha (teclas de piano); © Royalty-Free/CORBIS (elefantes).